도시의 섬

임준섭 시집

문학공원 시선 198

도시의 섬

임준섭 시집

시집을 펴내며

쉽게 의미 있게 쓰고자 노력한 시편들

이 시집 출간됨은 하나님의 은혜와 영광입니다.

매우 좋은 격려와 축하의 글을 주신 목사님께 감사를 드립니다.

시를 쓰고 있는 과정마다 보내는 마음의 기쁨과 우려가 교차됩니다.

상상과 시상을 한 편 한 편 한 땀 한 땀 수를 놓듯이 오랜 산통 끝에 낳은 것들, 쉽게 의미 있게 쓰고자 노력하였습니다.

이 시대를 살며 생각하며 할 일과 해야 할 일을 향하여 달려갈 때 아름다운 자취를 남기고, 시집을 쥐고 있는 모습을 생각하니 고운 사람들의 마음이 나의 가슴을 설레게 합니다.

사람은 누구나 움직이는 시인입니다. 모두가 아름다운 심성이 있어 말이나 마음에서, 행동에서 노래와 운율이 나옵니다.

바라기는 새로운 시를 창작하고, 또한 시를 통한 마음이 순결해지고, 시낭송을 통해 일상의 즐거움을 회복하시기를 기원합니다.

이 시집이 나오기까지 고운마음으로 시를 쓰는 방법과 내용을 지도해주신 李牛村 시인님께 깊은 감사를 드립니다. 또한 이 시집이 나오기까지 늘 걱정해주신 부모님께 감사를, 형제 친척 분들에게 기쁨을 전합니다. 그리고 이 시집이 나올 수 있도록 도움을 주신 도서출판 문학공원 대표님과 편집실 여러분의 노고에 고마움을 표합니다.

2021년 초가을

임 준 섭 배상

축 사

목장 뒤편의 작은 산과 같은 깨끗함이 보이는 시인

김봉수 목사(상암교회 담임)

소년시절에 나는 목장 뒤편에 있는 작은 산에 자주 올라갔다. 아무도 다니지 않아서 길조차 없던, 그 산 중턱에 넓은 바위에 가서 혼자 있다가 내려오곤 했다.

각종 나무들과 나뭇잎들을 바라보면서, 숲속에서 노래하는 작은 새들의 노래를 들으면서, 나는 나무사이로 보이는 푸른 하늘을 바라보며, 많은 시간을 가지곤 했다.

군대를 다녀와서 청년이 되었을 때, 다시 그 산을 찾았는데, 이미 수많은 사람들이 오르내리며, 등산로까지 만들어져 있었다. 소년시절 찾았던 바위에 가서 보니, 음식물 찌꺼기를 비롯하여 쓰레기들이 널브러져 있음을 보게 되었다.

임준섭, 그를 처음 만난 것은 그의 청년시절이다. 사람들에 의해 그리 때가 묻지 않은 순진한 젊은이였다.

그리고 약 삼십여 년이 흘러, 이제 그는 아내와 자녀가 있는 오십대 후반의 나이가 되었다.

그동안 수많은 사람들과의 만남으로 충분히 가면을 쓴 존재로 변해 있을 수 있는 시간인데, 하지만 아직도 그를 보면 목장 뒤편의 작은 산과 같은 깨끗함이 보인다.

그러므로 그를 볼 때 하나님께 감사하는 마음이 있고, 이렇게 시집을 내는 것에 대하여 축하의 글을 적는다.

2021년 초가을

푸름으로 뒤덮은 노을공원이 보이는 목양실에서

김 봉 수 목사

차 례

1부. 어머니의 아침

2부. 파란 하늘 노을에 앉아

3부. 사랑 꽃 피는 동산

4부. 하늘에서 온 편지

1부

어머니의 아침

흰 꽃

흰머리 소녀는
마음에 곱게 접어둔
흰 꽃이 살포시 눈을 뜨네
왼쪽에 자리 잡아
날 살금 유혹하며
유난히 많이 피어 웃음하네

아! 난 고민하는데
이웃들은 곱게 이야기 하지만
잔바람에 흔들려도 아파하네
수다스런 일이라 해도
반만 접어 두어보자

남들은 흰 꽃이 너무 좋아
이야기가 한창인데
나만은 너무 잰 마음일까

흰 꽃이 마음 잊기 전에
흰머리 하얀 꽃 위에
올려줄 면류관을 준비해두자

지난날 나에게
고운 마음 담아준
흰머리 소녀는
지금 어디쯤 오고 있을까
거울아
너만은 알고 있지
기다리는 내 마음을.

폰폰 따리아

층층으로 된
피아노 건반 위에서
폰폰 따리아

좌우로 오고가는
빠른 손길

이국의 낯선 가슴 속으로
신나는 축제인 듯
나이 남녀 없이
심금을 울리는 날이
세계의 연주장
폰폰 따리아.

전설처럼 내리는 이슬비

비는 먼 이야기를 담아
소리 없이 내린다
얼마의 시간을 안고 오는가
창가에 가까이 와
말없이 속삭인다

지워지지 않는
삶의 한 조각이
끝까지 내린다

네가 가늘게 오는 것인가
내가 나에게 숨겨둔
길고 먼 기다림이었는지.

삶의 나이테

삶은 단순하게
생각은 자연스럽게
생활이 바뀐다

몸이 먼저
꽃망울 터지듯
누리며 만족한다
마음까지 행복을 알아
응원한다

삶의 표정이
주름살 한 번
미소 두 번
나이테가 깊어만 간다.

햇살의 시선

햇살의 눈빛
마음 한 송이
햇빛의 고운숨결
가슴에 담네
내일 내일로

어둠으로 내림은
예쁜 꿈들로 사루어
새 삶으로 익어가네

오늘 오늘로 머무름이 아닌
삶의 의미를 행복의 가치로
꼭 담아두네.

한 알의 씨앗 돋아나게

방향 없이 표지판도 없이
무작정 가야만 하는가
답변도 해결책도 없이
생각만 해야 하는가

좋고 나쁨을 모른 체
제한 받지도 않고
함부로 살았던 우리 모습
마음에 찔려 아파하지만

그래도
오늘 한 알의 씨앗을 심어
가꾸어보겠습니다.

바람 한 점 지우듯

세월무게 저만치 두고
바람 한 점 재우듯
유한 일 접어두고
무한으로 가는 길
하늘에 잠깐 맡겨두고

땅에는 불면으로 가는 일은
밤으로 가는 길목
오늘 다 즐길 수 없듯
욕심 한 줌 내려놓고

이웃의 삶 훔쳐봄 없이
달려온 길 이미 같으니
새로 달려달려 나가세.

밀리는 파도

그 많은 추억을 안고
수없이 왔다가 먼 시간 속으로 사라진
하얀 포말에 남긴 몇 마디

너는 얼마나 많은 날들을 왔다가 가는데
너를 즐긴 사람들 모두 떠나갔구나

파도는 또 깊은 세월을
얼마나 실어 나를까.

꿈은 내일로

마음에 품어 되살리는 가치를
내 안에 담아서
나만의 품격으로 잘 키워

좋은 아름다운 시간을 아껴
내일의 꿈으로 살려내리라
한 발 한 발 디디며
소소한 것들을 마음으로 채워가며
멈추지 않는 시간 속에
모양새 없이 곱게 담아간다.

어머니의 아침

누울 수도 아플 수도 없는
기지개 한 번, 하품도 없이
일어나자마자부터 시작되는
어머니의 아침

아무도 기억하지 않아도
기쁨이 있는 한 끼 식사를 위해
사랑의 손길, 분주한 놀림
아침이 열렸다

밥 일곱 공기 국도 일곱
도시락 다섯 책가방도 다섯…

줄 끊어질 정도로 널어놓는 빨래들
밝은 해 한 번 쳐다보고
흩어진 식구들 편안히 맞기 위해
돌아오는 저녁까지 일을

더 깊은 사랑으로 보듬는 손길
밥 먹을 때마다 목젖이 울컥
무엇으로 즐겁게 하며

어떻게 기쁘게 할 것인가

자식 쳐다보는 기쁨
눈에 밟히지 않게
자식들 향한 소망하는 기대
낡아져도 사라지지 않기를

어머니의 기도하는 손
닮지 않게 하소서.

먼 초원을 따라

고요한 파아란 동산 아래
양떼 푸른 초원에 놀고
싱그러운 목동의 목소리
멀리서 밀려온다

창공에는 희망의 날새들
함께 모여
가고 싶은 그 나라로

조금 조금씩 즐거움에 젖어들면
그곳 초원의 언덕에서
노래하고파.

마음의 고향

마음의 고향
언덕 위 마음 가는 대로
생각나무 그늘 아래
여울목을 바라보며
추억을 내려놓는다

詩가 있는 길목을 따라
가까이 있는 형제들
멀리 있는 친구들
모두 그리워
시간을 되짚어본다

인생은 현실의 생활 속
누군가와 사랑으로 걸어가는 길

모든 걸 이기어내고 웃는다.

지우개로 지워버린 시간

느리고 누적된 시간들
지우개로 조금씩 지워가며
세월의 흐름을 잡아
새롭게 선사하는
마음의 전환으로
하얀 가슴에 접어두고

다른 시간은
고운 손결로
다듬어 잡아
그 안에서 발견되는
평생 소중함이 간직

새 가방에 챙겨 넣어
좋은 흔적, 헤아림의 자취를 남겨
먼 파도의 잔잔한
물살로 퍼져 나간다.

거미와 개미

부지런한 거미
밤새 집을 짓고
성실한 개미
한낮 땀 흘려 양식을

나는 개미요
너는 거미야

땀의 소중함을
아는 존재들

지난 삶이 어떻든지
사람과 사랑 앞에
진실했다.

웃자란 풀들

비바람이 불어와도
비록 밟히는 자리일지라도

내 삶을 보라고
결국 살아남아

웃자라난 풀들이
작은 목소리로
서로 속삭인다

풀들은 다시
삶을 돌려보자고 말한다
누군가가 작은 배려의 손길로
일으켜 세워주기를….

삶의 한가운데

오늘은
어떤 마음으로
어디에 머물러 있는지
확인하며 살아가리라

일상화된 어려움을
뛰어넘어
의미 있게 살아가는 것
주어진 시간에
최선이 있는 오늘을 살아가리라

오늘 하루는 선물
모두에게
공평하게 주어진 것
시간은 기회로
작은 것이 가치 있는 소중함들이다

매일매일 일상의 기쁨으로
생각하고 기뻐하는 순간
미래를 마주하며
평범하지만 변화 있게 살아가리라.

나 여전히 여기에

청산은 여전한데
하늘은 점점 흐리고

나무와 물소리는
변함이 없는데
강물은 많이 변하여

나 여기 여전히 서 있건만
바람은 와서 머물지 않고
구름 흐르듯 세월 따라가네

사는 동안
선택의 연속 속에서
오만함도, 교만하지도 않고
옳음을 배워가는
내 마음 확신만은
변하지 말기를.

별솔나게

神의 사랑
부모의 사랑은
평생토록 갚을 수 없는
알고도 잊을 수 없는 빚이지

마음에만 간직한 것
오직 사랑하며
별솔 나게 살아야 할
아직도 안 갚은 인생채무.

냅다 달려온 일상

어제, 오늘 그리고 내일
중요성 판가름의 승강이를 뒤로하고

어제 뿌려놓은 소중한 추억들
오늘은 사랑하는 사람과 가꾸는 땀방울
내일은 삶의 열매를 따는 날

내일은 오늘의 결과
오늘은 내일을 결정
어제는 오늘의 그림자

잠이라는 선물이 날을 결정

냅다 달려온 세월
흘러가는 시간은 모두에게 소중한 것
하루하루가 지며리 새로운 날…

지나고 나서야 깨닫는 일상의 소중함.

자작나무

자작~ 자작~
자그작~
흔들리는 너
아픔의 소리인가
즐거움의 함성인가

친구들이 있어야만
합창을 하는
묘한 너의 성격

피아노 선율이
산뜻하게 흐르면
신비로운 느낌
놀러온 장수하늘소도
기쁨의 날갯짓

누구를 기다리듯
깊은 산 양지에
우뚝 서 있지만
겸손함이 돋보여.

하루 풍경

열에 하나뿐인 광경이
눈길을 잡는다
모두들 시각적으로 다양한
경험에 빠진다

왼편으로 하늘과 바다가
오른쪽은 산과 바람이
가운데는 수평선을 배경으로
사람들의 발걸음을
스케치하듯 눈으로 그려낸다

석양의 매혹적인 절경에
그만 미혹되어 돌아 보인다
여기가 더 좋은 줄 알면서도

뉘엿뉘엿 꽃구름도 걷히고
온 몸이 감돌다
밤하늘에 은하별 우주까지
그 손길이 어루만진다
조물주의 오묘한 섭리를
이해할 수 있을까!

이제는 정든 집

사라지고 없어지는 옛것들
새로운 것으로 채우며 활기를 찾으나
사랑의 징검다리도
이제는 추억만 남아있는
아날로그 유물들

급격한 이동으로
시쳇말도 없이
밀려나기만 한다

이제는 정든 집 골목길
벗들과 회포를 풀던 동네마당마저…
앞으로는 어디로 가야하나 포장마차도 없는데
노인정으로, 공원으로, 벤치신세라!
늘그막에 더불어 이야기할
말동무 한 명 있었으면…

시간 속을 지나 세월을 달려온 노인들
근면과 성실, 최선과 희생
그리고 추억의 숱한 눈물을 남기었는데
무거운 짐, 수레를 끌고 달동네로 향한다.

폭포에서

폭포수 끝없이
아래로 아래로
떨어지는 것은
또 흘러가기 위함이니

맑고 초롱초롱한 물방울
하나 둘 셋 굵게 다가와
노그라지고 정체된
내 마음 때리고
멀리 흘러가라.

2부

파란 하늘 노을에 앉아

가을의 손짓으로

가장 많은
색깔의 잔치에
초대받아
사색과 감탄으로 즐거워

햇살에 움츠리는
바람에 흔들리는

그 순리를 알고
아름다운 사명을
다한 낙엽은

떨어지고 깔리고 묻혀도
그 속에서 다시 일을 찾는다

이제야 낙엽을
시인은 줍고
나그네는 밟는다.

헤어짐의 출발

공원의 아침
떡갈나무 잎은
단풍잎은 바람개비

바람이 불어 내리는 노란 비, 붉은 비…
끊임없이 쏟아지는 낙엽 비
모두가 곡예비행을 하고 있구나

좀 더 밟을까 그만 쓸어버릴까
빗자루는 서 있고 마음은 분주한데
얼굴에 맞아도 기분이 좋은 것은 왜일까

가로등은 말없는데
가로수 친구들은 각자 목소리를 낸다
높은 곳에서 낮은 데로
가지와의 이별은
뿌리와의 만남을 재촉한다

끝은 또 다른 시작을 알린다.

계절이 바뀌는 것은

자연적으로 아름다운 것은
사라지지 않듯이

봄 햇살 살포시 눈웃음 주는 기쁨은
깊고 아늑한 산속
눈바람 이겨내는
겨울 소나무의 절개로 만들어주고
여름의 뜨거움은
봄의 온순한 마음이 키워준다

붉고도 노오란 가을은
여름을 부러워하거나 질투하지 않는다
파랗고 진녹스러운 여름의 혜택으로
찬란한 가을을 열었다

길다고 모두들 부러워하는
여름과 겨울은
화내지 않고 마음껏 즐기고 있다

겨울 햇빛쐐기, 봄맞이마중
여름 고추말리기, 가을 포쇄

이 모두 일상이 행복이다
때를 따라 아름답게 머리를 감싸준다.

계절의 멜로디

날씨가 익어간다
계절이 무르익어간다

날짜로 보나
날씨를 보아도
내 마음이
계절을 알리고 있다

늙었다는 것일까
일을 많이 한 탓인가
내게 찾아온 오늘의 쉼표!

무수한 시간들을 수놓은
삶의 자리를 보상이라도 하듯

계절은 따뜻한 자리 안식을 권한다.

집

함께 즐거워하는
가족이 있는 기쁨 속에서
값어치가 아닌 그 가치를

따뜻한 사람이 같이하며
담소를 나누는
사랑스런 삶의 모습으로

친구야!
집 때문에 너무 걱정하지마
우리네 삶의 여정에서
잠시 쉬어가는 곳이야

생활을 담아주는
그릇이듯이.

별소리 축제

우주 한복판에서
날개를 펴고

쏟아지는 밤하늘
축제에 초대받아
별들의 속삭임 벼라벼라

빛나는 하얀 밤
세모네모동그라미 별
저마다 총총한데

여기저기서 터진다
톡톡 팡팡 따닥…
별의별 소리 다 들린다

내리는 새벽까지
별구경 고마워!
별말씀을요!
은하 별들의 축제 때
만나기로 약속해요!

오늘 밤도 별소리 들린다
벼라벼라!

아침산책

첫발
난지천의 아침
노을공원의 풍경

동물도 나무도
아침잠을 이루듯
고요하기만 하다

햇살이 와서
모두를 깨우기 전까지
만찬풍경을 즐긴다

걸으며 즐기는
아침의 향기
따스한 속삭임
그 시작은 찬란하다.

바다의 마음

흐르는 모든 물을 끌어안아
생명을 키우는 풍요로움
저 끝에서 사계절 새로운 바람이
불어오는 바다의 마음

미래 온갖 것의 보고
우리 바다의 유산

노래하며 제 고향으로 가는 바다
많이 채워지기도 하고
비워주기도 하는 넓은 마음

세월안고 흐르는 구름도
소리 없이 지나가는 바람도
품어주는

바다의 마음은
수평선 바라보는
먼 그리움인가.

철쭉동산에서

홀로 청아하기보다
모여 있어 어여쁜 꽃

철쭉동산 한가운데서
나비가 되어 훨훨
이 꽃에서 저 꽃으로
색깔과 향기의 맛을
빨아본다

봄꽃의 예쁨
봄비의 반가움
봄을 즐기는 이의 밝음

아름다운 계절에
봄이 주는
즐거운 선물들.

코스모스꽃

흔들리지만 쓰러지지 않는
키 작은 가을전령
보기만 해도 기분이 좋아
항상 나를 보고 웃고 있어
그래 나도 웃을게

꽃마다 송이대로
형형색색 다른 사연들
우주의 비밀이
숨어있구나.

계절의 단장, 신록의 연가

개나리 벚꽃 목련의
화려함을 보내고
봄 신록!
그 찬란한 매혹의
사슬에 걸려

신록은 녹음을 향해
4월 연둣빛 잎에서
6월 진초록으로 치장

취하고 걸으며 느끼니
눈빛이 주는 반짝 흔들림에
계절의 멈춤으로

봄의 한가운데를 지나
향기 찬란의 언덕을 넘으니
계절 속에 숨어 조금씩
초록그리움으로
무딘 마음을 녹인다.

딸 아들에게

꽃과 나무는
보기만 해도 기분이 좋아
항상 나를 보고 웃고 있어

딸!
너는 그리운 아름다움, 꽃 한 송이
아들!
너는 우아한 정물화, 푸른 나무 한 그루
내가
물주고 숨은덕 손길로 만져줄게

너들 목소리가 나를 즐겁게
햇살웃음 반짝 생긋 고웁기도 해.

숲속 이야기

부지런함 재촉하여
흙길 지르밟아
자유롭고 홀가분한 몸
올라오기를 잘했다

새 나무 꽃 인사를 하고
햇살 하늘 구름 쉬어가라고

내 노랫소리에
모두가 반긴다

상쾌한 공기, 웃는 꽃, 손 흔드는 나무들
지친 내 심정이 새 힘으로

숲속 길 산등성 둘레
한 바퀴 도는 동안
새들은 인사를 나누고
나무는 서로 보듬어준다

숲 속 정원에 앉으니
오늘 저절로 등산가로
마음에 젖어오니 너무 즐거워.

꽃 피는 골목길

양쪽으로 큰 통 작은 통
삐뚤삐뚤 펼쳐진
화분정원 골목길

담장 위로 장미꽃 넘어오고
채소와 꽃으로 향기를,
오이호박 주렁주렁 웃는 얼굴

지나가는 이마다
생긋 웃으며 한마디씩

웃지 않는 것 슬픈 것
먼저 따 담는다.

두고 가는 유월

녹음으로 새 옷 입은 산과 들
장미꽃이 어여쁜
사랑이 무르익어가는
마음이 살포시
눈을 뜨는 계절.

누리달 저만큼 두고
시간과 마주앉아
대답해도
아쉬움이 남는다

님 그리워 가슴에 묻고
서로의 이야기가 깃든
소식만으로도 설레이다

궁금한 달
삶의 깊이를 가늠해본다.

시나브로

아름다움을
독차지하는 것은
환경을 이겨내고 피어나
자신을 드러내

마음과 마음을 손잡아
사람과 세상을 알아
즐거워 노래 부르지만
삶이 흔들려 원하는 방향 아닐지라도
마음 중심 흐름을 따라

아기걸음으로
살며시 바뀌어
소중한 시간들 지며리
사랑의 눈길로 함께 기뻐해.

나와 내 안의 나

내 안의 나를 깨운다

내 안에 또 다른 나
남이 아는 나 말고
나 자신이 아는 나

내가 나만의 내 안에
갇혀 있는가
내 안에 나
나도 모르는 나
그 정체성을 찾고 있는가

더욱 나를 가꿔
자신감을 가지고
나 아닌 나를 찾아서

자아의 거울에 비춰
나에게 다가 가리
더 깊이 들어가고자 한다.

나의 시간에

나의 시간에
마음의 돌봄
따뜻한 숨결로

마음을 읽어내고
생각끼지 기억해내는
마음산책의 길을

미래는 쉽게
주어진 것이 아니지만
여기서 멈춤 없이
의미 있는 나날들을 향하여

행복한 날이 아직
많이 남아있기에
오늘내일을 누려가려는 용솟음을
좋은 길로 찾아가는
사랑지기로 새 노래를.

한곳을 향하여

사람은 누구나
가슴을 찢는 아픔 속에서
살아갑니다
인정하기 싫고 부인하려하지만
성격이든, 신체 심리적으로
감출 수 없는 것들이 있습니다

어머님의 말씀 안에서
다독여 주어 돌보라는
신의 선물이지요
약간의 불편한 것뿐
더 이상은 없습니다

끝이 보이지 않아도
끝까지 가야만 하고
회복을 원하지만
치료의 고통을 이겨내야만 합니다

인내하며 외롭지 않게 곁에서
한곳을 향하여 동행합니다

더 새로운 인생 정점을 향하여
더 좋은 넓은 세상을 느끼도록
사랑의 이름으로.

리더의 품격

나이와 상관없이
존재자체로 의미가

내가 반쯤 앞서가면
너도 반쯤 따라와
남은 반은 함께해

힘이 덜 들겠지
돌아서지는 말어
반쯤만 더 가면 정상이지

우리 둘이 힘겹게
꾸려온 길
너도 밟고 따라 와도 된다
너무 나서지는 말어

목표방향에 희망을
자리와 위치에 걸맞게
믿음을 심어줘
주변으로 사람들 모여들도록.

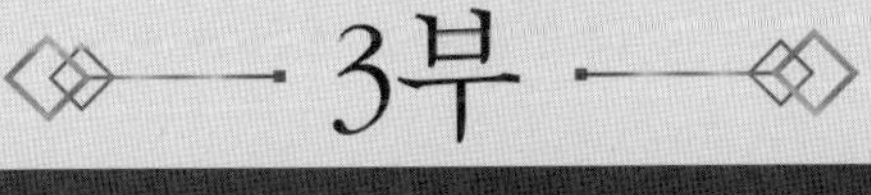

3부

사랑 꽃 피는 동산

기다림

그리움은
기다림에 울림을 줍니다

일상에 빚진 시간이 지나고
창에 비친 얼굴
그리움이 기다림이 되어갑니다

기다림 앞에 찾아오는 것은
소박한 것입니다
지금 이 순간 만족함을 느낄 때
작지만 소중하게 간직합니다

우리들 만남이
조급해도 마음은
더욱 설레게 합니다.

나는 숲으로 갑니다

바람이 비가 햇살이
모두 한 번씩 흔듭니다
피하지 않고 스스럼없이 다가서면
보답합니다

모두들 남은 것은 내놓고
모자란 것은 채워갑니다
돌보는 넉넉함이 있기에
오늘도 나는 숲으로 갑니다

때를 알고 스스로 내려앉는
낙엽은 더욱 아름답습니다

또 내일을 준비해야
숲속의 친구들을 모을 수 있기에…

이제야 마음을 씻어
나다운 아름다움의 옷을 입힙니다

숲은 삶을 소중히 하라고 속삭입니다.

산은 말한다

더 가지려고
욕심을 내지 않는다
남은 것은 내놓고
모자란 것은 채워간다

산처럼 살아라
배신자는 되지 말고
어둠이 물러가고
아침이 와도
산은 산이로다

사물욕의 푼수들이
세상 웅성이는 말로
발걸음을 놓고 가도
분노로 분노하지 않고
무거움도 무서움도 없이
산은 산이로다

산에 오르는 자마다
스스럼없이 다가와
한없이 안아주는 그 동행으로

산은 알고 있다
너의 웃음소리를
돌아가는 발걸음을.

바람이 불어온 자리에서

바람은 숲속의 오케스트라 지휘자

지휘를 시작하자
나무와 꽃들은
음정박자를 맞추어가며
춤추기를 시작했다

유연하고 부드러운 몸매로
제각각 아름다움을 뽐내고 있다

멀리서 자작나무들은 웅성거리고
숲속의 새들은
클라리넷 소리로 재잘재잘
귓속말로 내말 알아들었어 하네

잠시 지휘를 그치면
나무들은 옷을 벗고
꽃은 화려함을 내려놓는다

플룻의 소리만 퍼지고
화음은 여리게 점점 여리게

또 다른 아름다움이 내려앉아
공연이 끝이 난다.

자전거 친구

나를 매력 있게
우리를 하나 되게
동그라미 친구

달리며 모두 만끽
쉬면서도 즐긴다

두 발 하나면
네 발 부럽지 않다
어디든 가니까

가로수 작은 잎새들의
이야기가 뒤따르고
앞지르는 것은 바람
가는 곳마다 새로움을 선물
내 마음마저 세 발 동심

눈으로 맛을 보는 세상풍경
동그랗게 굴러가기에
지난 시간들을 수놓은
삶의 자리를 보상이라도 하듯

내게 찾아온 쉼표
하루를 더 부드럽게

너는 반짝반짝 빛나고 있구나.

기다란 여행 속으로

열병 앓듯
내 속에 묻어둔 숙제를 풀 듯
어딘가 떠나야 한다

갇혀서 일상에
젖어버린 나의 집은 부재중
설익은 지난 것들
빈 가방 속에 채워버리고

행복한 시간을 연결하여
환한 느낌 생각의 정점으로 간다
장소와 문화 속에서
사람들과의 하나 됨으로 묶어준다

여기저기 가는 곳마다
시시각각 독특한 콘텐츠로
보고 듣고 오롯이 느끼며
상상력의 보고로 점점 빠져든다

내 가슴에 오래 삭혀둔
헛된 것들 속에서

숨 가쁘게 달려온
무거운 것 하나하나
떼어내 버리고

시원한 바람과 함께
내 마음 벗어놓고
보따리 짐을 비우고 채우는
내려놓음을 알아간다.

소나무 숲에서

숲에서
마음을 씻는다
너에게서
여유와 가치를…
채워주고 나눠주는 넉넉함 말이야

모두들 옷을 입고 벗는데
너는 혼자서만
미안한 듯
아득한 향기로
모두를 감싸준다

네가 있어 기뻤고
외로울 때 소꿉동무로
너의 빛이 더욱 푸르리라

이 계절이 가기 전에
나의 길을 가리라

지난날
직선의 용기와

곡선의 세월을 절의(絶義)로
차고도 넘치는구나

네 얼굴을 보며
내 마음을 비춰본다
그 멋스러움을 위하여
힘겨운 인생살이 이겨내도록
내 삶의 숲으로 옮겨보자고

바람이 지나가자 모두들 합창을 했다.

내 마음의 거실

이리저리 뛰노는
수족관 속 물고기들
창문너머 공원을 마당삼아
그 위에 구름정원이

화분에는 올망졸망 건강나무들
화병에서는 저마다 행복 꽃을 피워
아름다움의 향기를 냅니다

비우는 자리인가
채우는 공간인가
과연 가족을 잇는 공간이 맞습니까

생활에 묻어 사람 냄새나는
이웃사촌 모셔다가 서로 일으켜 세워
사람과 공간을 이어주는 곳으로
내 마음을 움직입니다

책장의 책과 소품들에게 빛이 들고
시계는 웃으며 일하고
꽃과 나무는 속삭입니다

<

가족 사랑을 대면하는 회복이
손끝에서 오고 있습니다.

희망은 꿈을 업고

꿈꾸는 친구들
저 멀리 보이는 무지개보다도
눈앞에 꿈틀거리는 아지랑이

희망으로 산다는 것
산 너머에 있는 것이 아니고
앞산 중턱에 자라나는 크고 작은
나무들에게서

희망의 꿈을 업고
한걸음씩 나래를 펴고
햇살같이 구름처럼
필요한 곳으로

세상에 남길 좋은 소식이
아름다움으로 일깨워
사랑으로 행복으로.

동반자 형제들

사랑하면
헌신 할 수 있듯이
사랑하기에
미안함이 고마운 것이고
고마운 것이 미안함으로

가진 것 많지 않아도
행복할 줄 아는 가족
만족할 만큼 쓰지 못해도
평생행복을 느끼는 동반자

약함을 경험했기에
더욱 서로 의지해가면서
우리 안에 하나가 되어
재미있고 만족함으로
좋아짐의 눈물이…

그 꿈을, 그 행복을
응원하고 싶어.

사랑 꽃 피는 동산

나의 사랑
하나뿐인 당신
인생의 삼분의 이를
함께 가는 동반자

내가 아끼는 사람
건강하고 행복하길
기도하고 다짐함은
연약함 경험했기에
손을 놓지 않는
소중한 친구라서

미소가 아름다운 너
웃을 때마다 아기얼굴과 소리가
이것이 너의 매력이야
서로의 시름도 삶의 질도
돌봐주는 지혜를 나눠
잘되기만을…

나를 사랑하는 사랑이 당신 안에
나도 당신을 내 마음속에 있게

헌신하는 사랑이고 싶어

나의 동행자
끝까지 순한 마음
정갈한 빛깔로 꾸며가자.

큰 나무 이야기

나무는 움직이지 않으려 하나
바람이 먼저 나뭇잎을 건드립니다

큰 나무는 어린나무에게
비바람을 막아주고
맛있는 양분을 나눠줍니다
아침 햇빛이 비칠 때는 비켜주고
한낮 뜨거운 햇살에는
몸으로 그늘을 만들어줍니다

흙속의 물을 찾아
뿌리 길을 내어
뽑히지 않게 부러지지 않도록
먼저 가봅니다

기다리던 열매로
보답하는 큰 나무
자라가는 모습이
아름답고 사랑스러운 작은 나무

큰 나무야!

오래 살아온
너의 모습이 멋있다
세월의 빠름을 알고
쉬어가는 너의 마음 부럽다
 너 오늘 앉아 그곳에

오늘의 행복은
옆에 두고 찾을 때 기쁨이고
마음에 담아주는 선물

목표를 가지고
생각하고 느끼는 사람은
더욱 높은 행복감이

그 속에서 진짜
중요한 가치를 찾는데
바로 우리 함께.

풀꽃 곁에서

풀꽃은 눈에 잘 띄지 않지만
작은 얼굴로 웃음 짓는다

큰 꽃 곁에 모두 모여
사진 찍고 웃지만
풀꽃은 언제나 풀꽃이다

바람에 꺾이지 않으며
누구나 와서 함께 하라고
애기들은 풀꽃의 미소와
이야기들을 이미 알고 있었지

그래도 너는 생명력이 강해
꽃들의 단짝 친구야!

은행나무야!

봄 처녀 같이 푸릇한 새싹
여름장군처럼 홀로 푸르면서
가을 단풍 옷을 입고 모두를
품어 낭만에 젖게
겨울인형처럼 벗었으나 든든한 줄기
가로수의 귀족으로
너의 친구들이 계속 늘어나고 있구나

세상이 어지럽고 복잡해도
꽃은 피듯이
너는 온갖 공해와 소음에도
우리에게 인내와 순리를 가르쳐준다

이슬을 먹고사는 난초
풍설에도 기개 드높은 대나무라도
너의 당당함 앞에 비할 것 없더라

너를 볼 때마다
나무들이 주는 교훈을
되새겨 본다
삶의 자리를 지킬 줄 아는
사람이 되고 싶다.

도시섬 사람들

도시 한복판에
아무도 못가는
고립된 외딴섬들
세상눈을 피하여 숨어사니
다양하고 다르니까
여기저기 다도해

캥거루족이 사는 섬
독거인의 외로운
갈라파고스 고립된
걸리버 고독한
왕래가 없는 도린곁 섬까지…
무관심 속 이대로 방치하면
접근할 수 없는 무인도

섬과 섬, 섬과 육지를
길을 내고 다리로 연결하면
찾아갈 수 있건만
도움의 요청에 관심으로
마음을, 사람을 이끌어내어
기쁨으로 맞이하리

<
섬들은 속삭인다 건너오라고.

짜장면 친구

언제나 친근함으로
누구에게나 가까이
다가오는 너

입안에서 면발이 춤을 춘다
단무지만 있으면
탕수육 입장에도 현혹되지 않는다

요리의 매력으로
먹는 이의 마음을 사로잡아
부담 없이 즐기는 친구들

다시 만날 것을 약속하며
친구야 거품 빼지마!
맛이 달라져!
그 마음 변치 말아라
가격만은 내가 지켜줄게.

느릿느릿 쉬엄쉬엄

느릿느릿
시간이 멈춘 듯
쉬엄쉬엄
자연을 품은 모든 것은
쉬어가야만 한다

일상의 시간을 잊은 채
모든 것이 멈추고
느리게 흘러간다

발걸음까지
멈추게 하는 옛것들
숲속의 여유처럼 와 닿는다

느림의 멋이 깃들인
그 속에서 행복과 즐거움의
참의미를 찾아간다.

부모와 스승

된 사람 난 사람 든 사람 교훈을
체휼하여 가르쳐주시더니
가난과 고난을 몸소 극복하여
우리세대에게 좋은 것을 안겨

강한 의지 속 사랑과 열정으로
한 사람의 험난한 일생을
바꾸어놓기 충분하였기에
그 은혜 보답할 길 없어
승어부(勝於父)로
청출어람(靑出於藍)으로
보답해 마주하리

참으로 값진 만남 덕분에
먼저 된 부모와 스승께
존경과 존중의 마음을 간직하리

바른길의 지혜를 밝히
깨닫게 해주시기 때문.

출근길

대이동이 시작된다

세링게티 대평원의 물소 떼들
물을 따라 초원을 찾아 목적지를 향해
위험과 장애물이 도사리고 있는
경쟁의 사바나 속으로
약육강식의 엄정한 세계에서
낙오되는 것은 순리일 수밖에

도로 위 끝이 보이지 않는
거대한 물결에 휩쓸려
한 대만 멈추어도 빵빵, 뒤에는 지각
지하철역 층에서 층으로, 계단으로
이동하는 모습이 장관을 이뤄
한 사람이라도 멈추면 뒤에서는 아우성
빨리가기 위한 질서는 최고수준

손에는 무언가 하나씩 들고
미소를 짓지만
일하는 기쁨, 안정을 찾아

서로는 서로를 모른 체 함께 간다.

별 이야기

밤하늘에 파고든 별들은
어두운 내 마음
비춰주는 등불
내 자리를 지키라는 귓속말

달빛 따라 별빛 따라
촘촘한 은하수가
뿌려지고 있다
저 수많은 보석들의
이름은 무엇일까

수면 위 아른거리는
꼬마전구 불빛이
밤하늘 은하수 조명을
놀리고 있다

다양해서
다르니까
다 셀 수 없어서
별의 별 이야기가
형형색색 나오는구나

<

잠 못 이루는 밤
달나라 공주와
별나라 왕자가 만날 때
물어보자.

시계만 모르는 시간 이야기

밤낮 가리지 않는 시계의 근면함
묵묵히 일하는 시간의 성실함

그럼에도 불구하고
시계의 시간개념이 어떨까
시계는 모르는 시간의 세계

시계에게서 시간을
시간에게서 세월을

인생회상에 시계는 없고
시간은 가고 있어
기억만 남아있습니다
나는 지나간 시간을 추억하는데
시간들은 나를 기억하지 않습니다

명품시계는 있으나
명품시간은 없습니다
시계는 열둘, 시간은 이십사
시계는 두 바퀴, 시간은 한 바퀴만 수고합니다

시계가 멈춰있어도
시간이 흘러가도
변해가는 인생을 막을 수 없습니다

시간은 인생의 산물
시간의 중요성만큼
함께 공유하며 만들어
삶의 가치를 늘려갑니다.

달력 앞에 섰을 때

달력이 제일 가벼운 달에
두툼한 달력으로 교체하니
설레이는 마음에 넘겨보며
숫자들을 뚫어지게 바라봅니다

넘길 때마다
절기와 숫자들을 짚어가며
무지개를 띄우고
빨간 별을 헤아립니다

달력을 잊고 있었던 사람들
그때 그 장소까지 생각나게 하는

숫자 앞에 모두가 공평하다는 것을,
시간 속에서 삶의 의미를 깨닫도록
함께 가야할 이유를 말해줍니다

가슴에 손을 모으고
하루를 열어가는 설레임
해오름 달부터 매듭 달 까지
뒷장에 깨알글씨가 빼곡하게
생각나게 하네요.

광장은 사람 속으로

사람을 위해서 존재하기에
채우는 것도 비우는 것도 사람들이

높고 높은 광장 위로는
세월 흐르듯 잔결구름 떠가고
드넓은 광장 아래는
바람이 쉬어가고
사람도 놀다가는 그곳에는
시간이 쉼 없이 돌아나간다

사랑과 온기로
남녀노소 북적이고 어울려
무슨 머뭇거리거나
거리낌이 있어도 새 의미로 변모
모두의 유대를 높여 간다

언제나 시대와 함께
때론 밤 때론 낮으로
끊임없이 성장해간다.

행복을 팝니다

맑고 신선함, 진심어린 선물을 준비
모든 가정에 행복을 팝니다

화목한 가족을 축하하며
에누리 없이 사랑만 덤입니다

특히 전염될 수 있으니
다 사용하시어
가족의 기쁨을 확인하시기 바랍니다

방랑벽이 생기지 않도록
판매한 행복, 남은 사랑, 들어온 화목은
더욱 돋우어서
이웃에 나눠주시기 바랍니다.

깨달은 그날

평범함 속
걸어온 발자취를
깨달은 그날,
훗날 돌아올 기쁨을
이기지 못해
큰 소리로 그민
함성과 박수를…

다정다감이
꽃불처럼 타오르건만
나 혼자만의
기쁨은 아닌데

삶의 여유를
모른 채 살아가는
모든 이의 것인 것을.

책갈피 속에 꽃잎 하나

여러 모양 다양한 색깔
책갈피 속에 꽃 한 잎

너의 향기 함께 넣어두면
멀리 있어도 곁에 있는 듯
너는 나에게와 체온이 시린
차 한 잔 나누듯

아기자기한 추억이
언제나 손님이 아닌
반가운 나의 벗이란다.

주방이 되기까지

일상다반사 요리조리
유쾌 상쾌하게

맛깔 나는
밀착공간으로
거실 카페에는 없는

굴곡진 삶과 세상을
활력 있고 다채롭게
맛을 내는 원천으로서

서로의 요구에
두 귀가 열려
기쁨이 오는 자리.

그늘과 자리를

나무는 그늘로
자신을 위하지 않는다
다만 다른 것을 위해
그늘을 만들어준다

햇빛과 비가 주는 대로
땅을 탓하지도 않는다
큰 혜택을 주지만
돌아오는 것은 없다
잎으로 열매로만
자기를 드러낸다

나무는 그 누구도
탓하지 않으면서
자리를 지키며
있는 그대로를 준다
변하듯 제자리인 듯
그 든든함 그대로
푸르름 그대로

나무는 그늘과 자리를 준다.

하늘에서 온 편지

하늘에서 온 편지

겨울 찻집에 홀로 앉아
차를 마신다
하늘에서 1초마다 내리는
눈송이 송이마다
같은 것이 없다지만

눈의 모양은 어떻게 되어
내릴까 알 수 없거늘

인공설 배양에 성공한
눈박사 생가에
하늘에서 온 편지라네

오늘도 이 산속에는 조용조용
말없이 쉼 없이 내려
소식도 쌓이네.

등대 뒤로 떠나는 밤배

어디로 가는지 행선지는 모르고
우리의 삶 인양 망망대해로 가는 밤배

수평선 위로는 노을도 잠들고
아무도 만날 수 없는 곳으로 가는 밤배

센 바람 불고 물결 부딪치는 격랑 넘어
바닷길을 따라
등대 멀리 두고 홀로 가는 밤배

어디쯤 가면
잠든 바다 깨어나는 물살 위로
아침 해 햇살 만날 수 있을지
아무도 알 수 없구나

시간의 경계를 거슬러
인생의 항해도 이 밤이 지나면
안식할 수 있는 평안의 항구로.

친구야!

인생은 파란그릇
담았다가 덜었다가
뒤섞임의 하모니
할 일은 많은데…

인생의 벽 앞에
속살 풍광(風光) 드러내며
내 길 찾아가는
좌절과 희망의 질주

나만의 색다른 칼라이야기
감성을 색칠하라
그림은 내 삶 그 자체이니까

네 마음 내 마음
늘 곁에 있어도
그리운 친구야
기회를, 즐거움을 나누어
웃음이… 기쁨이…

살아있기에

감사할 일뿐
따뜻한 마음은 옮는다
그대로 이 시기를 즐겨라
밝은 아침이 오고 있다

친구야!
함께 가자
너는 가장 값진 선물이니까.

꿈은

꿈은
하늘만큼 바다만큼
높게 깊게

마음은
햇빛만큼 달빛만큼
밝게 따뜻하게

생각은
별처럼 꽃처럼
맑게 곱게

젊은 그대
나무처럼 지평선처럼
멀리 길게
큰 생각을
넓은 가슴으로

우정을 소중하게
시간을 성실하게…

꿈은
꿈꾸는 사람의 것이기에.

그저께와 우리 사이

그저께의 마음이
어제의 꿈이
오늘의 땀이…

내일의 행복을
모레의 소망을

나이는 들지만
시간은 시들지 않는다

지나고
나서야 깨닫는
일상의 소중함.

가족

웃음은 인사의 형이고
인사는 마음의 오빠입니다

웃음이 와 인사를
즐겁게 해주는 것은
여동생 마음 덕분입니다

활동하기 적은 듯하지만
아늑한 집안에는
우리 삼남매 다소곳한
정이 함께 타올라
함초롬히 피어납니다.

해돋이를 보며

설레임을
태양 그대로 생생하게
빨간 온기 받아
온몸 가득 퍼지는 의욕을
향기로 나타내고자

같은 다른 나무, 꽃들도
동화되어 가고 있다

오늘 여기 있음으로
복잡함이 아닌
함께 바라보는
한 가지만으로도 행복하다

듬성듬성 물결위에
내려앉은 빛의 흔적들
끊임없이 밀려와 사라지는
파도의 성실함으로

계속해야하는
인생의 아름다움에 감사한다

<

해와 바다는 또다시 나를 부를까.

화초들의 눈길

곡식들은 농부의 손놀림
말소리를 듣고 자라
자유롭게 성장하는 일상

화초들은 주인의 손길
사랑의 속삭임으로
만족하는 행복

부모가 헌신하는 사랑이
인생파도와 큰 물결을
헤쳐 나가는 눈과 생각을 일깨워

눈물의 빵을
먹어본 사람이
더 위로하고 격려하듯

상처 입은 사람이
치유도 더 잘 하기에
삶의 진실을 위해

아쉬움은 마음에 묻고

시대와 세대를 넘어
그 교훈을 깨달아…

소중한 것들

아침 햇살
인사와 웃음
걷고 달리기
하늘 바라보기
저녁 단잠…

지극히 자연스러운
소중한 것들이지만
무엇보다 따사한 햇살을 받듯이
활기차게 살아갈 수 있다는 것

일상생활을 즐기면
마음속에 행복을 담으며
항상 먹을 수 있는
행복비타민, 단백질영양제라는 것

던져진 하루
빛나는 아침을 열며
산책길을 걷듯이 일상을 산뜻하게

행복한 사람은 몸이 춤을 춘다.

빈 의자

빈 의자는 내 안의 빈자리

마음의 여지가 있는 곳
세상눈, 도린곁 의식하지 않고
고독보다 어울림이
수많은 관계로 채워

함께 부족함 없이 받아들이고
아낌없이 채워주는
마음씨가 자리 잡은 위치

안절부절 쉬지 아니하는
통제할 수 없는 마음을
깨끗하고 정돈된
내 마음의 빈자리

누군가 왔다간
시간이 머문 자리.

꽃과 사랑

자세히 보기 전에는
꽃이라 말하지 말라
정말로 너도 깊이 알고서야
사랑한다고 고백했다

사랑의 향기가
꽃의 향기보다 진하다

꽃의 마음은
항상 보여주고 싶고
사랑의 마음은
항상 간직하고 싶다.

매력

오랜 세월에서 품어져 나오는
나무의 기품으로
바위의 묵직함에서
올곧은 인생관을 가르쳐주는 것이

사람을 끌어 모으는
곤한 산행을 위로해주는
산기슭 숲에서 즐기는 것이

매력을 느껴 알게 하는 것이
꼭 나를 닮은 것 같다.

거울과의 대화

주름 펴 살포시 웃어
한 살은 낮아져
네가 나야

요리조리 조리요리
살살살
뽐내고 뽐내어
생긋방긋

눈매 주름이 예뻐서
미소가 저절로

내 얼굴이 제일이야
십 년은 젊어
너는 잘 생겼어
행복한 사람이야

마음이 고아서
보기 좋게 변화되어
가고 있어.

먼 산

산은
여기서 보나
저기서 보나
한 폭의 그림이다
구름 한 조각 쉬어가도
바람이 세차게 치고 가도
산은 침묵의 무게로
모두를 반겨 맞이한다

산은 사계절이 지나가도
언제나 거기 앉아있다
산 아래로는 아름다운 집들이
포근히 잠들고

산은 나처럼 이렇게
살라고 말하고 있다
여기 와서 세상의 일들을
바라보라 하네.

멀리 간 시간

긴 세월가면 돌아오지 않고
지난 시간 잡을 수 없을뿐더러
사계절은 쉼 없이 바뀌고 말이 없네

지치고 지쳐버린 나는
여기 누워서 잠을 청해본다

힘든 긴장의 하루하루가
오늘 급박히 지나간다
이 세상 결국 벗어나지 못해도
내일은 오늘처럼 돌아온다

나는 떠밀려 또 어디로 가는 것인가
저녁이면 노을은 수평선 위로
자지러지게 내린다.

작품해설

서정과 서사,
그 관계의 등가성 재고

- 김순진(문학평론가 · 고려대 평생교육원 교수)

서정과 서사, 그 관계의 등가성 재고

김 순 진(문학평론가 · 고려대 평생교육원 교수)

시를 구성하는 중요한 요인 중에 서정과 서사가 있다. 서정은 감정이요, 서사는 스토리다. 서정만으로 시를 이룬다면 감상에 지나지 않으며, 아무리 탄탄한 서사구조를 가지고 있다 하더라도 서사만으로는 무미건조한 시가 되기 십상이다. 현대시를 쓰는 사람들은 서사를 강조하지만 뭔 말인지 모른다거나 너무 어렵다는 평가를 받고, 서정을 강조한 과거의 시는 일반인들이나 초등학생들까지도 이해하기 쉬운 시로써 시의 나갈 방향을 잃어버리고 만다. 따라서 현대시를 창작하는 사람들은 서정과 서사를 잘 버무려 맛깔나게 접시에 담아놓아야 하는데, 임준섭 시인의 시집이 대체적으로 서정성이 강조되긴 하였지만 서사가 적당히 어울려 시의 참맛을 내준 시집이라는 평가를 내린다.

지난 8월 초 권성묵 시인(목사)님으로부터 전화를 받았다. '급히 시집을 내야하는 사람이 있는데 가능한지?'에 대한 말씀이었다. 그분께서 제시한 출판일자가 1개월 이상의 시간이 있어 나는 '충분합니다.'라고 말씀드리고, 그분이 일하고 있는 노량진으로 건너갔다. 그분은 임준섭이란 시인이었는데, 장애우를 돌봐야 하는 특수한 과정 속에 있어 외출이 어렵다고 했다. 알려주신 주소를 찍고 찾아가니 몇 명의 장애우들이 함께 생활하고 있었고 외부 사람인 우리 일행에 대하여 관심을 보였다. 나는 그날 임준섭 시인을 보면서 "참 훌륭한 일을 하는 사람들이 많구나."하는 생각이 들었다.

그럼 이쯤해서 임준섭 시인의 시 몇 수를 읽어보면서 그의 시세계를 여행해보자.

누울 수도 아플 수도 없는
기지개 한 번, 하품도 없이
일어나자마자 시작되는
어머니의 아침

아무도 기억하지 않아도
기쁨이 있는 한 끼 식사를 위해
사랑의 손길, 분주한 놀림
아침이 열렸다

밥 일곱 공기 국도 일곱
도시락 다섯 책가방도 다섯…

줄 끊어질 정도로 널어놓는 빨래들
밝은 해 한 번 쳐다보고
흩어진 식구들 편안히 맞기 위해

돌아오는 저녁까지 일을

더 깊은 사랑으로 보듬는 손길
밥 먹을 때마다 목젖이 울컥
무엇으로 즐겁게 하며
어떻게 기쁘게 할 것인가

자식 쳐다보는 기쁨
눈에 밟히지 않게
자식들 향한 소망하는 기대
낡아져도 사라지지 않기를

어머니의 기도하는 손
닳지 않게 하소서.

-「어머니의 아침」 전문

어머니라는 말은 세상에서 가장 위대한 말이다. 어머니는 자애로움의 상징이다. “여자는 나약하나 어머니는 강하다.”라는 말이 있다. 어머니는 자식을 위해서라면 어떤 수모도 감내하며 어떤 수고도 아끼지 않는다. 우리는 가끔 고향을 어머니 품속 같다고도 하고, 산을 어머니의 유방에 비유하기도 하며 바다를 어머니 자궁에 비유하기도 한다. 그만큼 고향과 산과 바다가 우리에게 어머니의 기능을 해주고 있다는 뜻일게다. 신께서 우리에게 천사를 대신해 어머니를 보내셨다고 한다. 박경리 소설가는 “어머니는 다 비우고

다 주고 가는 사람 / 버리고 갈 것만 남아서 참 홀가분하다."라며 자식에게 아낌없이 주고 떠나셨다. 플라톤은 "남에게 어떠한 행동을 하였느냐에 따라 그 사람의 행복도 결정된다. 남에게 행복을 주려고 하였다면 그만큼 자신에게도 행복이 온다. 자녀가 맛있는 것을 먹는 것을 보고 어머니는 행복을 느낀다. 자기 자식이 좋아하는 모습은 어머니의 기쁨이기도 하다."라고 했다. 일찍이 나의 어머니는 정말 나에게 크나큰 사랑을 베풀어주셨다. 6,70년대 보릿고개를 넘어올 때 우리 집은 정말 먹을 것이 없어서 초근목피로 연명했다고 해도 과언이 아니다. 그런 어려움 속에서도 어머니는 내가 아침 등굣길에 학교에서 단체영화를 본다고 하면 "어서 가서 공부하고 있거라."하시며 동네방네로 영화 값을 꾸러 다니셨고 어찌어찌 해서 영화비용이 마련되면 10리가 넘는 길을 달려오셔서 내게 영화를 볼 수 있게 해주셨다. 그때 '피터팬'이란 만화영화를 본 기억이 지금도 잊혀지지 않는다. 아마도 임준섭 시인의 어머니께서도 정말 자애로운 분이신 것 같다. 마음대로 "누울 수도" 마음대로 "아플 수도 없는" 어머니의 삶이다. "기지개 한 번"펴고 "하품도 없이 / 일어나자마자 시작되는 / 어머니의 아침"은 그렇게 시작돼 밤이 이슥하도록 계속된다. 아마도 일곱 식구였던 것 같다. 어머니와 아버지, 그리고 다섯 남매들을 위해 먹을거리며 입을거리를 건사하셔야만 했던 어머니는 그야말로 무에서 유를 창조하시는 분이

었을 게다. 그렇게 아버지와 다섯 남매가 지금까지 어머니의 식사와 손길로 이만큼 살게 된 것을 깨닫고 어머니께 "자식 쳐다보는 기쁨/ 눈에 밟히지 않게 /자식들 향한 소망하는 기대 / 낡아져도 사라지지 않기를 // 어머니의 기도하는 손"을 "닮지 않게 하소서."라고 소망하는 임준섭 시인의 말에 공감이 간다. 자식은 늦게 깨닫고 효도하고 싶으나 부모님은 기다려주지 않는다고 한다. 금반지를 사드리고 해외여행을 사드리는 것만이 능사가 아니다. 어머니를 위해 붕어빵 몇 개 사들고 퇴근하는 것, 소곤소곤 말벗이 돼드리는 것, 어머니와 함께 가까운 공원에 가서 바람을 쐬어드리는 것이 효도라 생각한다. 어머니, 새어머니, 아버지 다 돌아가시고 장인어른 장모님까지 모두 돌아가시니 효도할 데가 없다. 허전한 날만 밀려올 뿐이다.

부지런한 거미
밤새 집을 짓고
성실한 개미
한낮 땀 흘려 양식을

나는 개미요
너는 거미야

땀의 소중함을
아는 존재들

지난 삶이 어떻든지
사람과 사랑 앞에
진실했다.

- 「거미와 개미」 전문

거미와 개미의 이름에 대한 어원은 무엇일까? 나는 거미는 검다고 하는데서 나온 '검+이'가 아닐까 추측해본다. 즉 검다는 뜻의 '검'과 사람을 지칭하는 조사 '이'가 만나고 연음법칙에 의해 'ㅁ'이 뒷말에 붙어 거미가 된 것으로 추측한다. 처마 밑 어두운 하늘가에 집을 지어놓고 기다리는 거미의 모양과 환경이 검다고 해서 붙여진 이름이 아닐까 추측한다. 그에 비해 개미는 '갬+이'가 아닐까하는 생각을 해본다. 여기서 '갬'은 맑은 날을 뜻한다. 개미는 맑은 날에만 활동하므로 붙여진 이름이 아닐까 생각한다. 그런데 나는 거미와 개미에 관해 몇 가지 오해가 있다고 생각한다. 거미는 지극히 개인화된 삶을 살아간다. 혼자 풀숲이나 처마 밑에 덫을 놓고 잠자리나 벌레들이 걸려들기를 기다리는 것이다. 이에 반해 개미는 사회적 동물로 공동체 생활을 영위한다. 개인의 영달을 위하기보다 단체를 위한 삶이 지속된다고 하겠다. 어찌 보면 거미와 개미에 관한 비유는 현대인들의 삶의 형태를 잘 나타내주는 비유이기도 하다. 지독하게 홀로 사는 삶, 독거노인, 돌신, 모태솔로, 혼술족 혼밥족 같은 삶이 거미의 삶이라면, 직장에 잘 다니고 모임에 잘 나가며 어울렁더울렁 살아가는 삶이 개미의 삶이 아닐까 생각해본다.

나는 거미와 개미에 관한 시를 여러 편 지었다. 나는 내 시 「거미에 관한 몇 가지 상상」에서 거미를 이렇게 추측했다. “거미는 전생에 무사였을 것이다. 무시무시한 검을 들고 적진을 향해 달려드는 포효가 들리는 듯하다. 거미는 전생에 호랑이였을 것이다. 하늘을 날 듯 집채 같은 바위를 뛰어넘으며 노루며 멧돼지를 사냥했을 것이다. 제 몸에 호랑이무늬를 새긴 것을 보면 안다. 거미는 전생에 목수였을 것이다. 햇빛을 잘라 기둥으로 쓰며 하늘에 한 치 오차 없이 집을 짓는 걸 보면 안다. 거미는 전생에 서커스단 단원이었을 것이다. 그 측량할 수 없는 공중에서 조금의 두려움도 없이 거꾸로 내려오는 숙련된 곡예, 그런데 거미가 그 많은 재주를 가지고도 어찌하여 숲에 숨어 사는 신세가 되었을까? 거미는 전생에 재산을 모두 탕진한 빚쟁이였을 런지 모른다. 불한당처럼 평생 놀고먹는 팔자였던 그가 입에 거미줄을 치기 위해 잠도 설친 채, 덫을 놓고 기다리는 걸 보면 어쩐지 측은한 생각이 든다.” 그러면서 나는 “나도 글 하나 써 덫을 놓고 독자를 기다리는 중이니 어쩌면 나는 전생에 한 마리 거미였을 것”이란 생각을 했다. 아무튼 임준섭 시인은 거미를 “땀의 소중함을 아는 존재들”이라 칭했다. 진실하게 살아가는 우리네 서민들로 표현한 데

공감이 간다.

그렇다면 개미는 어떠한가. 개미는 스스로 허리띠를 졸라매지 않는다. 흔히 베짱이와 개미로 대표되는 삶에 있어, 지금까지는 일만 하는 개미를 두둔해왔지만, 앞으로는 일보다는 자신의 삶을 영위하는 베짱이의 삶을 닮아야 한다고 사람들은 말한다. 무조건 평생 동안 일만 할 것이 아니라 어느 정도 부가 쌓이면 자기가 좋아하는 것, 하고 싶었던 것 즉 색소폰이나 기타를 배우거나, 그림, 문학 등을 배워 자신의 인생으로 꾸미는 것이 중요하다.

사라지고 없어지는 옛 것들
새로운 것으로 채우며 활기를 찾으나
사랑의 징검다리도
이제는 추억만 남아있는
아날로그 유물들

급격한 이동으로
시쳇말도 없이
밀려나기만 한다

이제는 정든 집 골목길
벗들과 회포를 풀던 동네마당마저…
앞으로는 어디로 가야하나 포장마차도 없는데
노인정으로, 공원으로, 벤치신세라!
늘그막에 더불어 이야기할
말동무 한 명 있었으면…

<
시간 속을 지나 세월을 달려온 노인들
근면과 성실, 최선과 희생
그리고 추억의 숱한 눈물을 남기었는데
무거운 짐, 수레를 끌고 달동네로 향한다.

-「이제는 정든 집」 전문

인간에게 있어 집이란 어떤 개념일까? 우선 집은 안정의 개념이다. 인간의 삶은 끊임없는 경쟁관계에 놓여있다. 무조건 남의 주머니에 있는 돈을 노력으로 빼앗아다 내 주머니를 채워야 하는 관계에 놓여있다. 그것이 장사든, 농사든, 어업이든 마찬가지다. 도시 사람들이 직장에나 가게에서 물건을 팔기 위하여 영업을 해야 하는 것처럼, 농부들은 땀 흘려 일해 농토로부터 과일과 채소, 곡식이라는 생산물을 생산하여야만 주머니를 채울 수 있고, 어부들도 바다에 나가 김과 가리비, 전복을 양식하고, 물고기를 잡아들이며 그것이 자신의 주머니를 채울 수 있도록 엄청나게 많은 시간을 할애하여 비바람에 맞선다. 장사와 농사, 어업을 마친 사람들은 모두 집으로 귀가한다. 집은 단순히 잘 살고 못사는 것을 비유하기 위한 대상이 아니라, 안정의 개념으로써 휴식의 공간이자 재충전의 공간이다. 대궐처럼 큰 집에 살든, 지하 사글세방에 살든 모두들 그곳에서 밥을 먹고 잠을 자며 재충전을 한다. 그런 재충전의 공간이 하나만 있으면 우리 집이지만 한 집 두 집 늘어나면 이웃이 되고, 여러 집이 모여 살면 마을이 된다. 그리고 그런 삶을 오래 영위하다보면 그곳은 우리 동네가 되고, 고향이라 불리게 된다. 그런 고향과 같은 집을 떠나 살게 된다는 것은 가슴 아픈 일이다. 흔히 마을이 개발되어 아파트가 된다든지, 수몰되어 호수가 되어 떠나는 경우를 보게 되는데, 그것 말고도 무리한 확장이나 사치로 집을 팔게 되는 경우도 많다. 아무튼 노년의 삶일수록 집은 매우 중요한 역할을 하게 된다. 임준섭 시인은 이 시에서 "이제는 정든 집 골목길 / 벗들과 회포를 풀던 동네마당마저… /앞으로는 어디로 가야하나 포장마차도 없는데 / 노인정으로, 공원으로, 벤치신세라! / 늘그막에 더불어 이야기할 / 말동무 한 명 있었으면…"라며 삶의 터전을 잃은 노인의 심정을 잘 표현해내고 있다. 어쩌면 도시의 삶이란 새로운 건물이 들어서는데 대하여 밀리고 밀려나는 삶이 아닌가 생각한다. 서민들의 가슴 아픈 삶을 들여다봐주는 것이 시인의 역할이라면 임준섭 시인은 그 역할을 충실하게 수행해내고 있다고 할 수 있다.

나이와 상관없이
존재자체로 의미가

내가 반쯤 앞서가면
너도 반쯤 따라와
남은 반은 함께해

힘이 덜 들겠지
돌아서지는 말어
반쯤만 더 가면 정상이지

우리 둘이 힘겹게
꾸려온 길
너도 밟고 따라 와도 된다
너무 나서지는 말어

목표방향에 희망을
자리와 위치에 걸맞게
믿음을 심어줘
주변으로 사람들 모여들도록.

- 「리더의 품격」 전문

리더란 무엇일까? 리더란 앞에 서서 모임이나 단체를 이끄는 사람을 말한다. 누구나 리더이며 리더가 될 수 있다. 가정에서는 아버지 어머니가 자녀들의 리더이며, 회사에서는 대표나 중간 관리자가 리더다. 리더란 꼭 부하직원을 동반하는 말은 아니다. 혼자 사업을 할지라도 리더는 있다. 자신의 분야에서 최고가 된다면 그 사람을 리더라 부른다. 그러면 리더의 자질은 무엇일까? 리더란 모임을 지속적으로 발전시키고 그 모임 내지 회사의 구성원들이 자신의 능력을 최대한 발휘할 수 있도록 자리를 마련하고 어깨를 두드려 격려하여 최대의 효과를 낼 수 있도록 모임을 주관하고 관장하는 사람이다. 나는 고등학교 때 이후 리더로만 살아왔다. 고등학교 때는 반장과 학생회장을 해왔고 그리고 지금은 한국스토리문인협회의 회장과 스토리문학 발행인, 은평예총 회장 등 다양한 모임에서 리더를 자처하고 있다. 나는 우리 모임의 발전을 위하여 내 몸을 아끼거나 내 주머닛돈을 아끼지 않는다. 한 번 회장이 되면 그 모임이 발전할 수 있도록 최선의 노력을 다하며, 모임의 구성원들이 잘 따라올 수 있도록 배려해야 한다. 생일을 챙기고, 어려운 사정을 들어주며 같이 아파할 때, 그 사람은 그런 리더의 배려를 느끼면 그 모임에 충성하게 되는 것이다. 리더라고 해서 꼭 많은 지식과 부를 가질 필요는 없다. 지역 모임에서 보통 돈이 좀 있는 사람을 회장으로 뽑아 낭패를 보는 경우가 비일비재하다. 리더는 돈이나 학식이 있는 사람보다는 그 모임을 가장 잘 알고 그 구성원들의 마음을 헤아릴 줄 아는 사람이 좋다. 요즘 보수정당 '국민의 힘'의 리더는 36세의 젊은이 이준석 대표다. 그는 국회의원이 돼본 일도 없고, 국정경험이 많은 사람도 아니다. 그런데 왜 '국민의 힘' 당원들은 그를 리더로 뽑았을까? 그것은 변화에 대한 바람이다. 지금까지 우리 국회는 당리당략에 따라 이전투구하며 제 밥그릇 챙기기에 급급해왔다고 볼 수 있다. 그런 정치세대들에게 젊은이들이 목소리를 낸 것이 이준석 대표의 선출이다. 취업이 어려워 연애와 결혼 출산을 포기한 세대를 3포 세대라 하고, 거기에 꿈과 희망마저 잃어버린 세대를 5포 세대라 하는데, 이준석 대표에게 젊은이들은 자신의 꿈과 희망을 위해 수고해달라고 주문하는 것이다. 리더는 임준섭 시인의 말처럼 "목표방향에 희망을 / 자리와 위치에 걸맞게 / 믿음을 심어줘 / 주변으로 사람들 모여들도록."하는 사람이다. 그런 점에서 장애우들을 돌보고 있는 임준섭 시인은 매우 훌륭한 리더이기도 하다.

더 가지려고
욕심을 내지 않는다
남은 것은 내놓고
모자란 것은 채워간다

산처럼 살아라
배신자는 되지 말고
어둠이 물러가고
아침이 와도
산은 산이로다

사물욕의 푼수들이
세상 웅성 이는 말로
발걸음을 놓고 가도
분노로 분노하지 않고
무거움도 무서움도 없이
산은 산이로다

산에 오르는 자마다
스스럼없이 다가와
한없이 안아주는 그 동행으로
산은 알고 있다
너의 웃음소리를
돌아가는 발걸음을.

- 「산은 말한다」 전문

산은 우리에게 무어라 말할까? 산은 우리에게 젖을 물리고 열매를 먹이며 어깨를 두드려 격려하지만, 때로 산은 우리의 물병을 빼앗고 어깨를 누르며 어서 돌아가라 쫓기도 한다. 산은 진실로 아낄 때 유순하며, 함부로 대할 때 무섭게 화를 내기도 한다. 오르는 것만이 등산은 아니다. 등산이란 무사히 빈손으로 돌아가는 것이다. 산에게 받으려고만 했던 우리는 산에게 무엇을 드렸던가를 반성해보아야 한다. 우리가 산에게 드릴 것은 제물이 아니라 오직 감사함이요 순응뿐이다. 보통 사람들은 산을 나물과 버섯을 채취하고, 다래와 머루를 따며, 나무와 풀을 깎아 아궁이에 불을 때는 인간 필요에 의한 대상으로만 생각한다. 그러나 그것은 잘못된 생각이다. 산은 함께 살아가는 공존의 대상이지 채취와 수렵 등의 훼손의 대상이 아니다. 일찍이 공자와 맹자는 산에서 노루토끼를 잡고 도토리나 머루 다래 등 열매를 따내는 수단으로써 산을 바라보았다. 그것은 앞서 말한 바와 같이 훼손의 대상으로서의 산이다. 반면에 노자와 장자는 산과 함께 살면서 그 속에서 새소리 물소리를 듣고, 숲이 내뿜는 피톤치드를 맡으며, 함께 건강해지는 산으로 바라보았다. 요즘 말하는 생태주의 즉 ecologism으로서의 산이다. 산은 인간이 함부로 훼손하여 길을 내고, 터널을 뚫으며, 전봇대를 세우는 공간이 아니라, 자연이 자연답게 살 수 있도록 자연 그 자체로 놔둘 때 인간이 가장 행복해지고 건강해진다는 생태주의로서의 개념을 우리는 시에서 바라봐야 하는데 임준섭 시인의 시 「산은 말한다」는 그런 함께 살아가는 생태주의적 관점에서 바라보고 있어 고무적이다.

도시 한복판에
아무도 못가는
고립된 외딴섬들
세상눈을 피하여 숨어사니
다양하고 다르니까
여기저기 다도해

캥거루족이 사는 섬
독거인의 외로운
갈라파고스 고립된
걸리버 고독한
왕래가 없는 도린곁 섬까지…
무관심 속 이대로 방치하면
접근할 수 없는 무인도

섬과 섬, 섬과 육지를
길을 내고 다리로 연결하면
찾아갈 수 있건만
도움의 요청에 관심으로
마음을, 사람을 이끌어내어
기쁨으로 맞이하리

섬들은 속삭인다 건너오라고.

– 「도시섬 사람들」 전문

언젠가 어떤 사람이 내가 살고 있는 연신내를 두고 '연신내섬'이라 말을 했던 기억이 난다. 그 사람이 말한 연신내섬이란 어디에 가지 않고 연신내에서 모든 삶이 가능하다는 뜻이었다. 그때 나는 연신내에는 병원도 있고, 학교도 있고 시장도 있고 술집도 있고 모든 것이 갖춰져 있어서 하나의 섬이라 해도 손색이 없다는 뜻으로 들었다. 일찍이 정현종 시인은 「섬」이라는 시에서 "사람들 사이에 섬이 있다 / 그 섬에 가고 싶다"면서 아주 짧지만 촌철살인의 시를 써서 많은 독자들에게 공감을 받은 바 있다. 임준섭 시인의 말씀처럼 도시는 각자 도시섬을 이루고 있다. 맥주를 마시는 맥주섬, 헬스를 즐기는 헬스섬, 이익을 창출하는 회사라는 회사섬, 미래의 꿈을 육성하는 학교라는 학교섬……. 그 외 사랑이라는 섬, 정이라는 섬, 고마움이라는 섬, 미움이라는 섬, 질투라는 섬……. 우리가 그 섬을 건너가고 싶은 것은 어울려 살고 싶은 사회성 때문인 것 같다. 여기서 임준섭 시인이 말하는 섬은 유토피아다. 그렇게 되고 싶은 꿈을 향한 이데아다. 그래서 임준섭 시인은 자기 새끼만을 껴안고 사는 '캥거루가 사는 섬'이나 독거노인들이 사는 갈라파고스 같이 고립된 섬, 한 여류작가지망생을 사망에 이르게 한 무관심이란 섬을 고발하고 있는 것이다. 그래서 그는 "섬과 섬, 섬과 육지를 / 길을 내고 다리로 연결하면 / 찾아갈 수 있건만"이라고 말하면서 서로에게 "도움의 요청에 관심으로 / 마음을, 사람을 이끌어내어" 서로 고립된 사람들을 "기쁨으로 맞이하리"라고 강조하는 것이다.

달력이 제일 가벼운 달에
두툼한 달력으로 교체하니
설레이는 마음에 넘겨보며
숫자들을 뚫어지게 바라봅니다

넘길 때마다
절기와 숫자들을 짚어가며
무지개를 띄우고
빨간 별을 헤아립니다

달력이는 잊고 있었던 사람들
그 때 그 장소까지 생각나게 하는

숫자 앞에 모두가 공평하다는 것을,

시간 속에서 삶의 의미를 깨닫도록

함께 가야할 이유를 말해줍니다

가슴에 손을 모으고
하루를 열어가는 설레임
해오름 달부터 매듭 달까지
뒷장에 깨알글씨가 빼곡하게
생각나게 하네요.

－「달력 앞에 섰을 때」 전문

우리 인류가 발명한 발명품 중에 가장 대단한 것 중에 하나가 달력이다. 동양에서는 태음력을 쓰고 서양에서는 태양력을 썼는데, 나는 어떻게 1년을 4계로 나누고 열 두 달로 만들었는지 내심 감탄한 바가 한 두 번이 아니다. 이미 3,000년 전에 만들어진 달력을 우리는 전면적 교체나 수정 없이 쓰며 살고 있다. 이는 달력이 얼마나 효율적이고 효과적으로 만들어졌는지를 가늠하는 가늠자다. 달력은 천체의 운영에 따라 일, 월, 화, 수, 목, 금, 토로 만들어졌다. 일은 태양이며 월은 달이다. 화는 화성이고 수는 수성이며, 목은 목성이요, 금은 금성이고, 토는 토성이다. 인간에게 가장 큰 영향력을 미치는 순서로 별을 달력에 끼워 넣은 지혜가 가히 감탄스럽다. 3,000년 전에 어떻게 우주의 운영을 관찰하여 달력에 접목시켰는지 과히

무릎을 치게 한다. 음력은 또 조수간만의 차를 정확하게 읽어낸다. 물이 들어오는 시간과 물이 나가는 시간, 그리고 사리가 발생하는 시간까지도 정확하게 기록되어 백중사리 때 피해가 없도록 유도하는 것이 음력달력이다. 요즘은 100세 시대라고 한다. 내가 어렸을 적만 해도 환갑을 사는 것은 천운이 다해야 이룰 수 있는 말이었는데, 요즘 이애란이란 가수가 부른 '백세인생'에서 보면 "80세에 저세상에서 날 부르러 오거든 아직은 쓸 만해서 못 간다고 전해라"며 노익장을 과시하고 있다. 그런데 나는 달력을 만들 때 1년에 12달 말고 36개월 정도 만들어서 나이가 서로 엇비슷하면 좋겠다는 생각도 해보았다. 노인을 공경하는 풍습이야 권장할 일이지만, 노인이라고 괄세하고 괄호밖으로 밀어내는 현상은 좋지 않은 현상이기 때문에 인생를 30년으로 하고 서로 엇비슷한 나이로 살아가면 어떨까 하는 엉뚱한 생각도 해본다. 아무튼 각설하고 우리는 달력을 넘길 때마다 '지금 나는 연초에 계획대로 잘 해나가고 있는가. 해이해져서 연초의 계획을 망각한 채 방탕한 생활로 접어든 건 아닌가' 반성을 해야 한다.

이상에서처럼 임준섭 시인의 시 몇 수를 읽어보면서 그의 시세계를 관찰해보았다. 임준섭 시인은 다양한 관심사를 가지고 있으며 특히 서정과 서사를 잘 버무려내 너무 서정시로 가려는 현상을 다독이며, 각박한 세상의 서사적 스토리에 대해서는 서정을 감미

하여 서정과 서사의 적당한 거리를 유지한 채 시를 써나가고 있다. 이는 체계적으로 공부한 사람이 할 수 있는 기법으로 보이며 그동안의 습작생활이 가늠된다고 할 수 있겠다.

임준섭 시인의 시에 대한 특징을 몇 가지로 요약한다면 첫 번째로 그의 시에는 정(情)이 있다. 가족, 이웃, 고향 같은 이야기 속에서 묻어나오는 정은 가히 어머니 품속을 느끼게 한다. 두 번째로 그의 시에는 서민이 살고 있다. 그냥 대상으로만 관찰하는 것이 아니라 시인의 마음처럼 시적 화자가 함께 살아가고 있어서, 서민이라면 누구나 공감하는 시를 쓰고 있다고 하겠다. 세 번째 특징으로는 시에 대한 다양한 관심사다. 어느 일부분, 즉 어머니나 고향, 나무 같은 부분적인 소재를 택하기보다 그는 다양한 소재를 택하여 읽는 사람으로 하여금 지루할 틈을 주지 않는다.

첫 시집의 상재를 진심으로 축하드린다.

임준섭 시집

도시의 섬

초판발행일 2021년 10월 05일

지은이 : 임준섭
발행인 : 김순진
편집장 : 전하라
디자인 : 김초롱
펴낸곳 : 도서출판 문학공원
등 록 : 2004년 3월 9일 제6-706호
주 소 : (우편번호 03382) 서울 은평구 통일로 633
녹번오피스텔 501호 스토리문학사
전 화 : 02-2234-1666
팩 스 : 02-2236-1666
홈페이지 : http://www.munhakpark.com
이메일 : 4615562@hanmail.net